Viel Spaß beim

Backen für Freunde

wünscht

die ganze Zwergenschar

Backen für Freunde

Vehling Verlag

Berlin • Werl i.W. • Basel • Graz

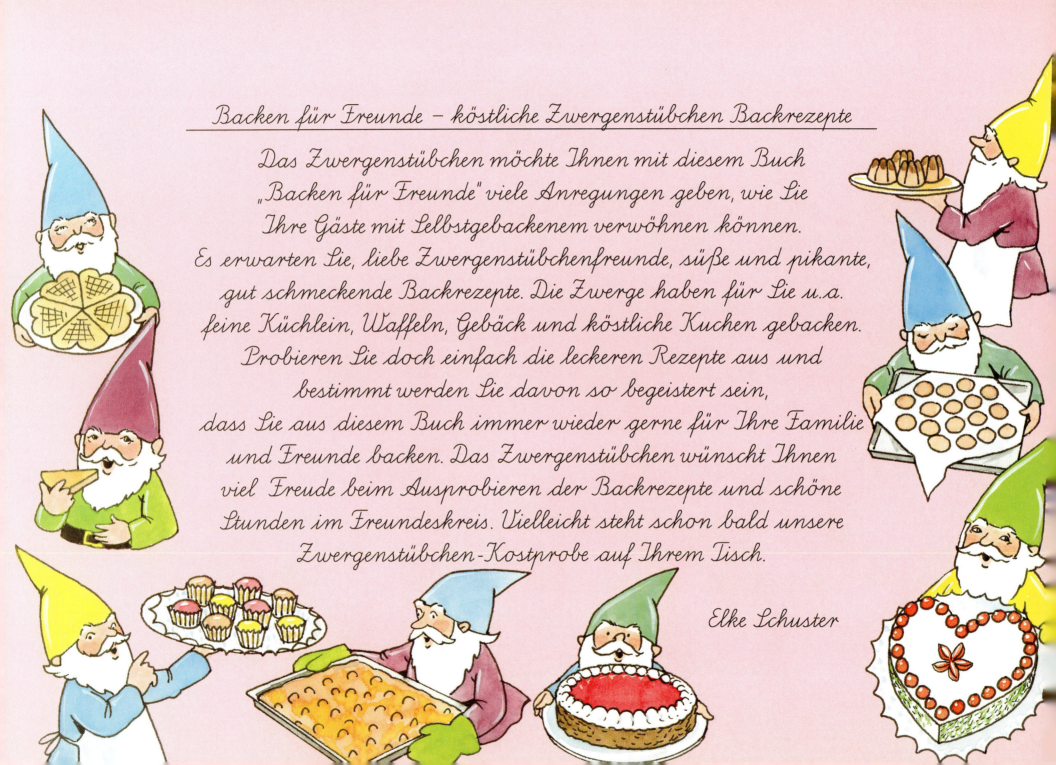

Backen für Freunde – köstliche Zwergenstübchen Backrezepte

Das Zwergenstübchen möchte Ihnen mit diesem Buch „Backen für Freunde" viele Anregungen geben, wie Sie Ihre Gäste mit Selbstgebackenem verwöhnen können. Es erwarten Sie, liebe Zwergenstübchenfreunde, süße und pikante, gut schmeckende Backrezepte. Die Zwerge haben für Sie u.a. feine Küchlein, Waffeln, Gebäck und köstliche Kuchen gebacken. Probieren Sie doch einfach die leckeren Rezepte aus und bestimmt werden Sie davon so begeistert sein, dass Sie aus diesem Buch immer wieder gerne für Ihre Familie und Freunde backen. Das Zwergenstübchen wünscht Ihnen viel Freude beim Ausprobieren der Backrezepte und schöne Stunden im Freundeskreis. Vielleicht steht schon bald unsere Zwergenstübchen-Kostprobe auf Ihrem Tisch.

Elke Schuster

Zwergenstübchens-Kostprobe

450 g Blätterteig rechteckig auswellen und auf ein kalt abgespültes Backblech geben. Die Teigplatte nacheinander mit 300 g grob geriebenem Hartkäse, 250 g Schinkenstreifen sowie 500 g blättrig geschnittenen Champignons belegen. 3 Eier, 1 Tasse Milch, etwas Salz, Pfeffer und geriebene Muskatnuss verquirlen, über den Belag gießen. Zum Schluss gut mit Rosmarin bestreuen. Im vorgeheizten Backofen bei 200 Grad ca. 30 Minuten backen.
Das Zwergenstübchen wünscht einen Guten Appetit!

ZWERGENGEBÄCK

Zutaten:

Teig:

250 g Mehl

1 1/2 Teelöffel Backpulver

1 Teelöffel Kräutersalz

150 g Butter

250 g Quark

1 Esslöffel Wasser

Füllung:

1 Zwiebel

etwas Butter

500 g Champignons

etwas Salz und

Pfeffer

1 Bund Petersilie

1 Ei zum Bestreichen

Zubereitung:
Alle Teigzutaten zu einem glatten Teig kneten. Diesen mit Folie abdecken, eine Stunde kaltstellen. Für die Füllung kleingewürfelte Zwiebel in heißer Butter glasig dünsten. Blättrig geschnittene Champignons dazugeben, ebenfalls mitdünsten und würzen. Anschließend feingehackte Petersilie untermischen. Den Teig auf einer bemehlten Arbeitsfläche dünn auswellen. Danach Kreise von 10 - 12 cm Ø ausstechen. Jeweils in die Mitte der unteren Kreishälfte etwas von der abgekühlten Füllung geben. Leicht geschlagenes Eiweiß auf jeden Kreisrand streichen, danach halbkreisförmig zusammenklappen, die Ränder gut andrücken. Das gefüllte Gebäck auf ein gefettetes Backblech legen, mit etwas Wasser verquirltem Eigelb bestreichen. Im vorgeheizten Backofen bei 200 Grad ca. 20 Minuten backen.

Kräuter-Käse-Toast

Eine kleingeschnittene Zwiebel,
350 g gewürfelter Lachsschinken,
2 1/2 Becher Crème fraîche,
100 g geriebener Hartkäse vermischen,
mit Salz und Pfeffer würzen.
Anschließend 1 Bund Petersilie fein hacken,
unterrühren.
12 Toastbrot-Scheiben damit bestreichen,
etwa 50 g geriebener Hartkäse
darüberstreuen.
Die Brote auf ein gefettetes Backblech legen.
Im vorgeheizten Backofen bei 200 Grad
ca. 15 Minuten überbacken. Vor dem
Servieren Schnittlauchröllchen auf den
Kräuter-Käse-Toasts verteilen.

KÄSEHÖRNCHEN

Zutaten:

Teig:
250 g Quark
3 Esslöffel Milch
6 Esslöffel Öl
1 Teelöffel Kräutersalz
300 g Mehl
1 Päckchen Backpulver

Füllung:
150 g Gouda
(in Scheiben geschnitten)
1 Bund Petersilie

1 Eigelb zum Bestreichen
Sesam zum Bestreuen

Zubereitung:
Quark, Milch, Öl, Salz verrühren, das mit Backpulver vermischte Mehl einarbeiten und zu einem glatten Teig kneten, kaltstellen. Danach den Teig auf einer bemehlten Arbeitsfläche rechteckig dünn auswellen. Aus der Teigplatte Dreiecke schneiden. Diese mit Käse belegen, darüber feingehackte Petersilie geben. Die Dreiecke zur Spitze hin aufrollen und auf ein gefettetes Backblech setzen. Die Hörnchen mit etwas Wasser verquirltem Eigelb bestreichen, Sesam darüberstreuen. Im vorgeheizten Backofen bei 200 Grad ca. 15 Minuten backen.

TOMATENKUCHEN

Zutaten:

Teig:
250 g Mehl
125 g Butter
1/2 Teelöffel Salz
1 Ei
2 Esslöffel Wasser

Belag:
etwas mittelscharfer Senf
300 g gekochter Schinken
300 g geriebener Hartkäse
750 g Tomaten

Zubereitung:
Alle Teigzutaten zu einem Mürbteig verarbeiten, kaltstellen. Anschließend den Teig auf einer bemehlten Arbeitsfläche auswellen, in eine gefettete Springform geben. Boden und Rand mit Senf bestreichen, danach schichtweise den Belag einfüllen.

Zuerst den in feine Streifen geschnittenen Schinken, über diesen etwa 150 g Käse gleichmäßig verteilen, darauf die gehäuteten, in Scheiben geschnittenen Tomaten legen und mit dem restlichen Käse abdecken. Im vorgeheizten Backofen bei 200 Grad ca. 45 Minuten backen.

CHAMPIGNONKUCHEN

Zutaten:
4 Scheiben Tiefkühl-Blätterteig
250 g Hartkäse
400 g Champignons
1 Zwiebel
2 Paprikaschoten
1 Bund Petersilie
1/2 Bund Schnittlauch
etwas Salz und Pfeffer
3 Eier

Zubereitung:
Die aufgetauten Blätterteig-Scheiben auf einer bemehlten Arbeitsfläche rund auswellen, in eine Springform legen. Käse, Champignons, Zwiebel, Paprika klein schneiden und vermischen. Danach die feingehackte Petersilie sowie Schnittlauchröllchen dazugeben. Mit den Gewürzen abschmecken. Das Gemüse gleichmäßig auf dem Blätterteig verteilen. Anschließend die verquirlten Eier darübergießen. Im vorgeheizten Backofen bei 200 Grad ca. 60 Minuten backen.

KRÄUTER-ZUCCHINI-QUICHE

Zutaten:

Teig:
225 g Mehl
50 g gemahlene Mandeln
150 g Butter
1/2 Teelöffel Salz
1 Ei

Belag:
1 Zwiebel
etwas Olivenöl
600 g Zucchini
150 g geriebener Hartkäse
1/2 Bund Petersilie
etwas Basilikum und Majoran
(frisch oder getrocknet)
3 Eier
1/4 l Milch
etwas Kräutersalz und Pfeffer

Hülsenfrüchte zum Blindbacken

Zubereitung:
Alle Teigzutaten zu einem Mürbteig verarbeiten, kaltstellen. Diesen auf einer bemehlten Arbeitsfläche auswellen, in eine gefettete Quicheform geben. Den Teigboden mit Pergamentpapier abdecken, Hülsenfrüchte darauf legen.

Im vorgeheizten Backofen bei 200 Grad ca. 10 Minuten blind backen. Papier und Hülsenfrüchte entfernen, weitere 5 Minuten backen. Währenddessen den Belag zubereiten. Kleingewürfelte Zwiebel in heißem Öl glasig dünsten, Zucchinischeiben zufügen, kurz mitdünsten.

Das abgekühlte Gemüse auf dem Quicheboden verteilen, mit etwa 100 g Käse sowie den feingehackten Kräutern bestreuen. Eier und Milch verquirlen, restlichen Käse, Salz, Pfeffer unterrühren, über das Quiche gießen. Bei 160 Grad ca. 45 Minuten fertig backen.

PIKANTE ZWERGEN-BISKUITS

Zutaten:
6 Eigelb
1/2 Becher süße Sahne
200 g Mehl
1 Messerspitze Backpulver
150 g geriebener Hartkäse
etwas Kräutersalz, Pfeffer
und geriebene Muskatnuss
1 Bund Petersilie
150 g roher Schinken
6 Eiweiß

Zubereitung:
Eigelb und Sahne verquirlen. Das mit Backpulver vermischte Mehl einrühren. Nacheinander Käse, Gewürze, feingehackte Petersilie, kleine Schinkenwürfel dazugeben, gut vermischen. Das steifgeschlagene Eiweiß unterziehen. Den Teig auf ein mit Back-Trennpapier ausgelegtes Backblech streichen.

Im vorgeheizten Backofen bei 200 Grad etwa 25 Minuten backen. Danach den Biskuit stürzen, das Back-Trennpapier entfernen und in beliebige Stücke schneiden z.B. in Streifen, Rauten, Würfel, Rechtecke. Die pikanten Zwergen-Biskuits schmecken warm und kalt gut.

HACKFLEISCHKUCHEN

Zutaten:

Teig:
- 250 g Mehl
- 1/2 Würfel Hefe
- 1/2 Teelöffel Zucker
- 1/8 l lauwarme Milch
- 1/2 Teelöffel Salz
- 50 g Butter

Belag:
- 1 Zwiebel
- etwas Öl
- 1 Paprikaschote
- 225 g Pilze
- 250 g gemischtes Hackfleisch
- 1 Bund Petersilie
- etwas Salz, Pfeffer und Majoran
- 150 g geriebener Hartkäse

Zubereitung:

Aus den Teigzutaten einen Hefeteig herstellen. Diesen so lange gehen lassen bis er sich verdoppelt hat. Für den Belag die kleinen Zwiebelwürfel in heißem Öl glasig dünsten. Nacheinander Paprikastreifen, blättrig geschnittene Pilze, Hackfleisch, feingehackte Petersilie dazugeben, ebenfalls mitdünsten, gut würzen.

Den Teig auf einer bemehlten Arbeitsfläche auswellen und in eine gefettete Kuchenform legen. Den etwas abgekühlten Hackfleischbelag gleichmäßig darauf verteilen. Zum Schluss mit Käse bestreuen. Im vorgeheizten Backofen bei 180 Grad ca. 30 Minuten backen.

FESTTALER

Zutaten:

Teig:

225 g Mehl

1/2 Päckchen Backpulver

80 g Butter

etwas Salz

2 Eigelb

100 g geriebener Hartkäse

100 ml Wasser

Milch zum Bestreichen

30 g geriebener Hartkäse zum Bestreuen

1 rundes oder rundgewelltes Ausstecherförmchen 5-6 cm Ø

Zubereitung:

Alle Teigzutaten zu einem Mürbteig verarbeiten, kaltstellen. Anschließend den Teig auf einer bemehlten Arbeitsfläche etwa 1 1/2 cm dick auswellen und Kreise ausstechen. Diese auf ein mit Back-Trennpapier ausgelegtes Backblech setzen. Die Plätzchen mit Milch bestreichen und Käse darüberstreuen. Im vorgeheizten Backofen bei 225 Grad ca. 15 Minuten backen.

MÖHRENKÜCHLEIN

Zutaten:

150 g Butter

150 g Zucker

3 Eier

250 g Mehl

¾ Päckchen Backpulver

50 g Grieß

½ Teelöffel Zimt

50 g gemahlene Mandeln

200 ml Buttermilch

200 g geriebene Möhren

Papierbackförmchen

Zubereitung:
Butter schaumig schlagen. Abwechselnd Zucker, Eier dazugeben, gut rühren. Mehl, Backpulver, Grieß, Zimt, Mandeln vermischen, nach und nach zusammen mit der Buttermilch in die Schaummasse einrühren. Zum Schluss die Möhren unterheben. Den Teig in Papierbackförmchen füllen. Im vorgeheizten Backofen bei 200 Grad ca. 25 Minuten backen. Die ausgekühlten Küchlein können mit Puderzucker bestäubt und Marzipanmöhren verziert werden.

PFIRSICHKUCHEN

Zutaten:
100 g Butter
150 g Zucker
1 Päckchen Vanillezucker
2 Eier
200 g Mehl
1/2 Päckchen Backpulver
100 ml Milch

30 g Butter
50 g Zucker
100 g gemahlene Mandeln
1 Dose Pfirsiche

Zubereitung:
Aus Butter, Zucker, Vanillezucker, Eier, Mehl mit Backpulver vermischt und Milch einen Rührteig herstellen. Eine Springform mit Pergamentpapier auslegen, zerlassene Butter eingießen und den Boden damit bestreichen. Darauf gleichmäßig den Zucker verteilen, gemahlene Mandeln darüberstreuen. Die abgetropften Pfirsiche mit der gewölbten Seite nach unten auf die Mandelschicht legen. Dabei beachten, dass die Pfirsiche etwa 1/2 cm Abstand zum Springformrand haben. Den Rührteig einfüllen, glatt streichen. Im vorgeheizten Backofen bei 175 Grad ca. 55 Minuten backen. Den Kuchen etwa 10 Minuten in der Form auskühlen lassen, danach stürzen und das Pergamentpapier entfernen.

PREISELBEER-ZIMTTORTE

Zutaten:

Teig:

4 Eiweiß

1 Prise Salz

125 g Puderzucker

4 Eigelb

75 g Mehl

50 g Speisestärke

1 Messerspitze Backpulver

2 Esslöffel Zimt

Belag:

3 Becher süße Sahne

2 Päckchen Vanillezucker

3 Päckchen Sahnesteif

400 g Preiselbeeren

Schokoraspel

Zubereitung:

Den Puderzucker in das mit Salz steifgeschlagene Eiweiß einrieseln lassen. Nach und nach die Eigelb dazugeben. Das Ganze so lange rühren bis eine cremige Masse entstanden ist. Mehl, Speisestärke, Backpulver, Zimt vermischen, über die Schaummasse sieben und unterheben. Nun den Biskuit im vorgeheizten Backofen bei 200 Grad ca. 25 Minuten backen.

Diesen gut auskühlen lassen, danach einmal in der Mitte quer durchschneiden. Für den Belag Sahne, Vanillezucker, Sahnesteif schlagen. Die Preiselbeeren unter etwa $2/3$ der Sahne heben. Den Tortenring um einen Biskuitboden legen.

Preiselbeersahne gleichmäßig auftragen, mit zweitem Boden abdecken. Etwas Sahne über die Tortenoberfläche streichen, kaltstellen. Anschließend restliche Sahne dekorativ aufspritzen und mit Schokoraspel verzieren.

KIRSCHKUCHEN

Zutaten:

Teig:
400 g Mehl
1 Würfel Hefe
80 g Zucker
1 Ei
200 ml lauwarme Milch
80 g Butter

Belag:
4 Gläser Sauerkirschen
100 g Zucker
3 Eier
2 Becher saure Sahne
½ Teelöffel Zimt
100 g gehobelte Mandeln

Zubereitung:
Aus den Teigzutaten einen Hefeteig herstellen. Diesen so lange gehen lassen bis er sich verdoppelt hat. Anschließend auf einer bemehlten Arbeitsfläche auswellen und auf ein gefettetes Backblech geben. Nun den Boden mit Kirschen belegen. Zucker, Eier, Sahne, Zimt gut verrühren, über die Kirschen gießen, gehobelte Mandeln darauf verteilen. Im vorgeheizten Backofen bei 200 Grad ca. 40 Minuten backen.

FEINER ZWERGENKUCHEN

Zutaten:

Teig:
225 g Mehl
1 Teelöffel Backpulver
80 g Zucker
1 Ei
125 g Butter

Belag:
1/2 l Milch
2 Päckchen Vanille-
puddingpulver
150 g Zucker
3 Becher Schmand
2 Dosen Tortenpfirsich-
Schnitten

Zubereitung:
Alle Teigzutaten zu einem Mürbteig verarbeiten, kaltstellen. Für den Belag einen Pudding nach Packungsanweisung aus Milch, Puddingpulver, Zucker kochen. Nach dem Abkühlen den Schmand unterrühren. Auf einer bemehlten Arbeitsfläche den Teig auswellen, in eine gefettete Springform legen. Die abgetropften Pfirsich-Schnitten auf dem Teigboden verteilen und mit der Pudding-Schmandmasse abdecken. Im vorgeheizten Backofen bei 200 Grad etwa eine Stunde backen. Den gebackenen Kuchen nach ca. 30 Minuten aus der Form nehmen und auf ein Kuchengitter geben.

KLEINE KRÄUTERFLADEN

Zutaten:
500 g Mehl
1 Würfel Hefe
1 Teelöffel Zucker
2 Teelöffel Knoblauchsalz
4 Esslöffel Kräuter der Provence
300 ml lauwarmes Wasser
5 Esslöffel Olivenöl

Zubereitung:
Aus den Teigzutaten einen Hefeteig zubereiten, so lange gehen lassen bis er sich verdoppelt hat. Anschließend den Teig zu zehn kleinen ca. 1 cm dicken und etwa 12 cm runden Fladen auswellen.

Diese auf zwei gefettete mit Mehl bestäubte Backbleche setzen. Kleine Vertiefungen mit dem Kochlöffelstiel eindrücken. Zum Schluss etwas Olivenöl darüber streichen. Im vorgeheizten Backofen bei 180 Grad ca. 20 Minuten backen.

Gerne werden die kleinen Kräuterfladen gleich nach dem Backen gegessen. Als Beilage empfehlen wir Schafskäse und Oliven, ebenso Knoblauch- sowie Tomaten-Paprikabutter. Besonders gut schmecken auch die überbackenen Kräuterfladen.

Knoblauchbutter
125 g Butter mit 2 Teelöffel Knoblauchsalz cremig rühren, danach kaltstellen.

Tomaten-Paprikabutter
125 g Butter cremig rühren. In diese 2 Teelöffel Paprikapulver, etwas Salz und Pfeffer sowie eine ganz fein geschnittene Tomate einarbeiten, kaltstellen.

Überbackene Kräuterfladen
Fladenbrote in der Mitte quer durchschneiden, mit Knoblauchbutter bestreichen. Auf jede Hälfte etwas von den feingeschnittenen Zwiebeln geben. Darüber eine halbe bis eine Scheibe gekochten Schinken legen und mit geriebenem Hartkäse bestreuen (insgesamt etwa 200 g). Im vorgeheizten Backofen bei 200 Grad ca. 15 Minuten backen.

*Das Zwergenfest ist zwar zu Ende,
aber noch lange nicht das Backen für Freunde!*

Schoko-Kuchen

Zutaten:
250 g Butter, 200 g Zucker, 1 Päckchen Vanillezucker, 5 Eier,
200 g Mehl, 50 g Speisestärke, 1/2 Päckchen Backpulver,
100 g gemahlene Mandeln, 100 g kleingeschnittene Schokolade

Zubereitung:
Aus den Teigzutaten einen Rührteig zubereiten. Zum Schluss
gemahlene Mandeln und Schokoladenstückchen unter den
Teig mischen. Diesen in eine gefettete, mit Semmelbröseln ausgestreute
Gugelhupfform füllen. Im vorgeheizten Backofen bei
175 Grad ca. 1 Stunde backen.

STREUSELCHEN

Zutaten:
Streusel:
150 g kalte Butter
150 g Zucker
200 g Mehl
2 Esslöffel Kakao

Teig:
125 g Butter
125 g Zucker
1 Päckchen Vanillezucker
2 Eier
375 g Mehl
1 Päckchen Backpulver
220 ml Milch

Zubereitung:
Kleingeschnittene Butter mit Zucker, Mehl, Kakao verkneten und zu Streusel zerkrümeln, kaltstellen. Anschließend alle Teigzutaten zu einem Rührteig verarbeiten. Diesen in eine gefettete Springform füllen, darüber die Streusel verteilen. Im vorgeheizten Backofen bei 200 Grad ca. 45 Minuten backen. Der ausgekühlte Kuchen kann noch mit Puderzucker bestäubt werden.
Das gute Streuselchen ist ein Lieblingskuchen unserer Zwergenstübchenkinder und deren Freunde.

APFEL-MARZIPANKUCHEN

Zutaten:

Teig:
250 g Mehl
1/2 Teelöffel Backpulver
80 g Zucker
1 Päckchen Vanillezucker
1 Ei
100 g Butter
1 Esslöffel Wasser

Belag:
500 g Äpfel
100 g gemahlene Mandeln
1 Esslöffel Rosenwasser
120 g Marzipanrohmasse
300 ml Milch
1/2 Päckchen Vanille-
puddingpulver
125 g Zucker
4 Eier

Zubereitung:
Die Teigzutaten zu einem Mürbteig verarbeiten, kaltstellen. Geschälte Äpfel vierteln, Kerngehäuse herausschneiden, anschließend in ca. 1/2 cm dicke Scheiben schneiden. Mandeln, Rosenwasser zufügen und vermischen.

Marzipanstückchen mit einigen Löffeln Milch cremig rühren. Puddingpulver, Zucker, etwas Milch glatt rühren, in der restlichen heißen Milch zusammen mit der Marzipancreme aufkochen.

Diese abkühlen lassen, nach und nach Eier unterrühren. Den ausgewellten Teig in eine gefettete Springform legen. Zuerst alle Apfelscheiben einschichten, darauf die Puddingmasse verteilen. Im vorgeheizten Backofen bei 190 Grad ca. 60 Minuten backen.

KÖSTLICHER KÄSEKUCHEN

Zutaten:

1 kg Schichtkäse

1 Becher Schmand

1/2 Becher süße Sahne

230 g Zucker

1 Päckchen Vanillezucker

6 Eigelb

75 g Speisestärke

100 g Butter

6 Esslöffel Dosenmilch

6 Eiweiß

Zubereitung:
Gut abgetropfter Schichtkäse, Schmand und süße Sahne verrühren. Abwechselnd Zucker, Vanillezucker, Eigelb dazugeben, schaumig schlagen. Anschließend Speisestärke, zerlassene Butter, Dosenmilch einrühren. Zum Schluss Eischnee unterziehen. Den Boden einer gefetteten Springform mit Back-Trennpapier auslegen, die Teigmasse einfüllen. Im vorgeheizten Backofen bei 180 Grad ca. 1 Stunde backen. Nach 20 Minuten Backzeit mit einem Messer am Springformrand entlang fahren (um den Teig zu lösen). Der fertig gebackene Kuchen sollte im ausgeschalteten Backofen 1 Stunde stehen bleiben. Danach aus dem Ofen nehmen und zum Auskühlen noch etwa 3 Stunden in der Form lassen.

ROTER BEERENKUCHEN

Zutaten:

Teig:
3 Eigelb
3 Esslöffel lauwarmes Wasser
100 g Puderzucker
1 Päckchen Vanillezucker
3 Eiweiß
50 g Mehl
50 g Speisestärke
1/2 Teelöffel Backpulver

Belag:
700 g Johannisbeeren
100 g Zucker
(Saft aufheben für Belag und Tortenguss)
100 g Zucker
1 Esslöffel Speisestärke
1 Teelöffel Zimt
1 Päckchen roter Tortenguss
1 Becher süße Sahne
1 Päckchen Vanillezucker
1 Päckchen Sahnesteif

Zubereitung:
Aus den Teigzutaten einen Biskuit herstellen, ca. 20 Minuten backen. Abgezupfte Johannisbeeren einzuckern, gut durchziehen lassen. Danach Zucker, Speisestärke, Zimt mit 1/4 l Saft der abgetropften Johannisbeeren verrühren und aufkochen, anschließend die Johannisbeeren untermischen. Diese abgekühlt gleichmäßig auf dem Biskuitboden verteilen. Nun den Tortenguss nach Packungsanweisung mit dem restlichen Saft zubereiten (evtl. noch etwas Wasser zufügen), über die Johannisbeeren geben. Sahne, Vanillezucker, Sahnesteif schlagen und den erkalteten Beerenkuchen hübsch verzieren.

BIRNENKUCHEN

Zutaten:

Teig:
150 g Mehl
1 Teelöffel Backpulver
50 g Zucker
1 Eigelb
50 g Butter

Belag:
2 Eiweiß
50 g Zucker
1 Päckchen Vanillezucker
2 Eigelb
50 g gemahlene Zartbitter-Schokolade
50 g abgezogene, gemahlene Mandeln
1 kleines Glas Preiselbeeren
1 Becher süße Sahne
1 Päckchen Vanillezucker
1 Päckchen Sahnesteif
1 Dose Birnen
etwas geraspelte Schokolade

Zubereitung:
Einen Mürbteig zubereiten, kaltstellen. Den Boden einer gefetteten Springform mit Back-Trennpapier auslegen, darauf den ausgewellten Teig geben. Im vorgeheizten Backofen bei 180 Grad 15 Minuten backen. Währenddessen die Mandelmasse herstellen.

Eiweiß mit Zucker, Vanillezucker steif schlagen. Eigelb einrühren, Schokolade und Mandeln untermischen. Die Preiselbeeren auf den vorgebackenen Boden streichen, darüber die Mandelmasse gleichmäßig verteilen. In weiteren ca. 25 Minuten den Kuchen fertig backen.

In der Form auskühlen lassen, danach das Back-Trennpapier entfernen. Sahne, Vanillezucker, Sahnesteif schlagen, diese über die erkaltete Mandelmasse streichen. Birnenhälften auf der Sahne dekorativ anordnen sowie die Mitte des Kuchens mit geraspelter Schokolade bestreuen.

Aprikosen-Mohnkuchen

150 g Butter schaumig schlagen.
Abwechselnd 100 g Zucker,
3 Eier dazugeben und mitrühren.
Nacheinander 1 Päckchen
backfertige Mohnfüllung,
100 g abgezogene, gemahlene Mandeln
sowie 80 g Mehl, welches mit
40 g Speisestärke und 1/2 Päckchen
Backpulver vermischt ist, einrühren.
Den Teig in eine gefettete
Springform füllen.
Darauf die abgetropften
Aprikosenhälften (1 Dose) legen.
Im vorgeheizten Backofen
bei 175 Grad ca. 55 Minuten backen.

ZITRONENKÜCHLEIN

Zutaten:

200 g Butter

200 g Zucker

4 Eier

Saft von 2 Zitronen

200 g Mehl

1/2 Päckchen Backpulver

Papierbackförmchen

Zubereitung:

Die Teigzutaten zu einem Rührteig verarbeiten. Den Teig in Papierbackförmchen füllen. Im vorgeheizten Backofen bei 180 Grad ca. 30 Minuten backen. Die Küchlein können nach dem Backen mit einer Zitronenglasur hübsch verziert werden. Hierfür Puderzucker und Zitronensaft zu einer dickflüssigen Glasur rühren oder eine Zitronenglasur nach Packungsanweisung im Wasserbad erhitzen. Auch ohne Glasur schmecken die ausgekühlten Zitronenküchlein gut, ebenso mit Puderzucker bestäubt.

ZWERGENKUCHEN VOM BACKHÄUSLE

Zutaten:

Teig:

250 g Mehl

1/2 Würfel Hefe

1/2 Teelöffel Zucker

1 Teelöffel Salz

1 Eigelb

50 g Butter

knapp 1/8 l Wasser

Belag:

500 g Lauch

400 g Champignons

etwas Öl

150 g gekochter Schinken

etwas Salz, Pfeffer, Curry

20 g Butter

1/2 Esslöffel Mehl

1/4 l Gemüsebrühe

125 g Camembert

2 Esslöffel Crème fraîche

1 Bund Petersilie

etwas Knoblauchsalz, Pfeffer

Zubereitung:

Einen Hefeteig herstellen. Für den Belag Lauchringe, blättrig geschnittene Champignons in heißem Öl kurz dünsten. Kleingewürfelten Schinken untermischen, gut würzen. Für die Soße Butter erhitzen. Mehl dazugeben, unter Rühren hellgelb anschwitzen, mit Gemüsebrühe ablöschen, ca. 5 Minuten kochen lassen. Die Soße vom Herd nehmen, Camembert-Würfel, Crème fraîche einrühren, feingehackte Petersilie zufügen und würzen. Den ausgewellten Teig in eine gefettete Kuchenform legen, darauf den abgekühlten Belag geben, mit Soße übergießen. Im vorgeheizten Backofen bei 200 Grad ca. 40 Minuten backen.

KUGELKRÄNZCHEN

Zutaten:
250 g Mehl
1/2 Päckchen Backpulver
1 1/2 Teelöffel Kräutersalz
50 g Butter
150 g geriebener Hartkäse
1 Ei
1/8 l Milch

etwas Sesam, Mohn, Kümmel, geriebener Hartkäse zum Bestreuen

Zubereitung:
Alle Teigzutaten zu einem Mürbteig verarbeiten, kaltstellen. Anschließend acht gleich große Kugeln formen, die Seiten und Oberflächen mit Milch bestreichen. Diese nun in eine gefettete Springform kranzförmig dicht aneinander setzen (etwas Abstand zum Springformrand lassen). Über die Kugeln abwechselnd Sesam, Mohn, Kümmel und Käse streuen. Im vorgeheizten Backofen bei 200 Grad etwa 30 Minuten backen.

ÜBERBACKENE GEMÜSEBRÖTCHEN

Zutaten:
300 g Zucchini
1 gelbe Paprikaschote
6 Tomaten
etwas Olivenöl
250 g Mozzarella-Käse
1 Bund Petersilie
einige Basilikumblättchen
etwas Majoran und Thymian
etwas Knoblauchsalz
und Pfeffer
6 längliche Brötchen
etwas Butter

Zubereitung:
Zucchini, Paprika, Tomaten in kleine Würfel schneiden. Das Gemüse in heißem Öl kurz andünsten. Kleingewürfelter Mozzarella und feingehackte Kräuter untermischen, gut würzen. Alle Brötchenhälften mit Butter bestreichen, das Gemüse gleichmäßig darauf verteilen. Im vorgeheizten Backofen bei 200 Grad etwa 5 Minuten überbacken.

KÄSETÖRTCHEN

Zutaten:
225 g Tiefkühl-Blätterteig
2 Eier
220 ml Milch
200 g geraspelter Hartkäse
30 g Mehl
etwas Salz, Pfeffer und geriebene Muskatnuss

2 Pizzaformen-Backbleche für jeweils 12 Mini-Pizzas oder entsprechend andere kleine Förmchen

Zubereitung:
Die Blätterteig-Scheiben zum Auftauen auslegen. Währenddessen Eier, Milch verquirlen, Käse und Mehl unterrühren, gut würzen. Den Blätterteig auf einer bemehlten Arbeitsfläche dünn auswellen, Kreise von etwa 8 cm Ø ausstechen und in die ungefetteten Förmchen legen. Alle Teigböden mit einer Gabel einstechen, anschließend die Eiermasse hineingeben (etwa bis zu 3/4 füllen). Im vorgeheizten Backofen bei 180 Grad ca. 15 Minuten backen, heiß servieren.

ZWERGENSTÜBCHENS BELLA ITALIA

1. Mini-Pizzas

Zutaten:
Teig:
250 g Mehl
1/2 Würfel Hefe
1/2 Teelöffel Zucker
1 Teelöffel Kräutersalz
1 Ei
100 ml lauwarme Milch
50 g Butter

Belag:
1/2 Becher Crème fraîche
1/2 Becher süße Sahne
2 Eier
1 Teelöffel Speisestärke
150 g geriebener Hartkäse
etwas Kräutersalz und Pfeffer

150 g Möhren
150 g Brokkoli
300 g Zucchini
2 Paprikaschoten
3 Pizzaformen-Backbleche
für jeweils 12 Mini-Pizzas

Zubereitung:
Aus den Teigzutaten einen Hefeteig herstellen. Diesen so lange gehen lassen bis er sich verdoppelt hat. Danach auf einer bemehlten Arbeitsfläche auswellen, Kreise von etwa 8 cm Ø ausstechen und in die gefetteten Förmchen legen. Für den Belag Crème fraîche, Sahne, Eier, Speisestärke, Käse, Gewürze verrühren.

Die Teigböden damit dünn bestreichen. Möhrenscheiben, Brokkoliröschen in Gemüsebrühe blanchieren. Abgekühlte Möhren, Brokkoli, Zucchinischeiben und Paprikastreifen auf den Teigböden anordnen, mit Kräutersalz bestreuen, restliche Sahnecreme darüber verteilen. Im vorgeheizten Backofen bei 220 Grad ca. 10 Minuten backen.

Erwartet man am Abend Gäste, empfiehlt es sich diese Mini-Pizzas (36 Stück) am Vormittag zu zubereiten, so müssen sie vor dem Essen nur noch kurz aufgebacken werden. Falls keine Pizzaformen-Backbleche vorhanden sind, reicht die Teigmenge genau für ein Backblech. Natürlich können die Gemüsesorten auf den Mini-Pizzas beliebig verändert bzw. variiert werden u.a. mit feingeschnittenem Schinken oder dünnen Salamischeiben, blättrig geschnittenen Pilzen, Thunfischstückchen, Ei-Scheiben.

2. Grün-Rote Pizza

Zutaten:

Teig:
250 g Mehl
1/2 Würfel Hefe
1/2 Teelöffel Zucker
1 Teelöffel Kräutersalz
1/8 l lauwarme Milch
4 Esslöffel Olivenöl

Belag:
1 Bund Petersilie
einige Blättchen Basilikum
etwas Kräutersalz
2 Esslöffel Olivenöl
3/4 Becher Crème fraîche
100 g geriebener Hartkäse
400 g Zucchini
4 Tomaten
2 grüne Paprikaschoten
1/2 Zwiebel
30 g geriebener Hartkäse

Zubereitung:
Alle Teigzutaten zu einem Hefeteig verarbeiten. Diesen so lange gehen lassen bis er sich verdoppelt hat. Danach auf einer bemehlten Arbeitsfläche auswellen und auf ein gefettetes Backblech legen. Für den Belag zuerst die Kräuter fein hacken, mit Kräutersalz und Olivenöl mischen. Auf den Teigboden Crème fraîche streichen, Käse gleichmäßig darüberstreuen. Nun mit Zucchini-, Tomatenscheiben, Paprikastreifen, Zwiebelringen belegen, darauf den Käse sowie die Öl-Kräuter verteilen. Die Grün-Rote Pizza im vorgeheizten Backofen bei 200 Grad ca. 30 Minuten backen.

3. Würstchen-Pizza

Zutaten:

Teig:
200 g Mehl
½ Würfel Hefe
½ Teelöffel Zucker
1 Teelöffel Kräutersalz
1 Teelöffel Oregano
100 ml lauwarmes Wasser
1 Esslöffel Olivenöl
50 g Butter

Belag:
etwas Olivenöl
100 g geriebener Hartkäse
8 Cocktail-Würstchen
1 Glas geschnittene Champignons (ca. 500 g)
7 Cocktail-Tomaten
1 grüne Paprikaschote
etwas Kräutersalz und Pizzagewürz
20 g geriebener Hartkäse

Zubereitung:
Aus den Teigzutaten einen Hefeteig zubereiten. Diesen so lange gehen lassen bis er sich verdoppelt hat. Danach auf einer bemehlten Arbeitsfläche rund auswellen und in eine gefettete Kuchen- oder Pizzaform legen.

Den Teigboden mit Olivenöl dünn bestreichen, Käse darüber verteilen. Darauf die Würstchen (vorher der Länge nach halbieren) sowie Champignons, Tomaten, Paprikastreifen anordnen. Anschließend mit den Gewürzen und dem Käse bestreuen. Im vorgeheizten Backofen bei 200 Grad ca. 30 Minuten backen.

HEIDELBEERKUCHEN

Zutaten:

Teig:
- 250 g Mehl
- 1/2 Teelöffel Backpulver
- 50 g gemahlene Haselnüsse
- 80 g Zucker
- 1 Päckchen Vanillezucker
- 2 Eigelb
- 100 g Butter
- 2 Esslöffel Crème fraîche

Belag:
- 2 Gläser Heidelbeeren
- 1 1/4 Becher süße Sahne
- 80 g Zucker
- 1 Päckchen Vanillezucker
- 150 g gemahlene Haselnüsse
- Semmelbrösel

Zubereitung:

Aus den Teigzutaten einen Mürbteig zubereiten, kaltstellen. Den ausgewellten Teig in eine gefettete Kuchenform legen, Semmelbrösel darüberstreuen und mit den gut abgetropften Heidelbeeren belegen. Sahne, Zucker, Vanillezucker, Haselnüsse verrühren, auf den Heidelbeeren gleichmäßig verteilen. Im vorgeheizten Backofen bei 200 Grad ca. 50 Minuten backen. Der ausgekühlte Heidelbeerkuchen kann noch mit Puderzucker bestäubt werden.

APFEL-STREUSELKUCHEN

Zutaten:

Teig:
300 g Mehl
1 Teelöffel Backpulver
100 g Zucker
1 Ei
125 g Butter
1 Esslöffel Wasser

Belag:
1,5 kg Äpfel
etwas Zucker und Zimt
80 g kalte Butter
80 g Zucker
1 Päckchen Vanillezucker
125 g Mehl
Semmelbrösel

Zubereitung:
Einen Mürbteig zubereiten, kaltstellen. Für den Belag die geschälten Äpfel vierteln, das Kerngehäuse herausschneiden. Diese Apfelviertel halbieren, mit Zucker, Zimt vermischen, etwa 30 Minuten durchziehen lassen. Währenddessen Streusel zubereiten. Butterstückchen, Zucker, Vanillezucker, Mehl verkneten und zu Streusel zerkrümeln, kaltstellen. Nun den ausgewellten Teig auf ein gefettetes Backblech legen, mit Semmelbrösel bestreuen. Die Äpfel dicht nebeneinander (Rundung nach oben) leicht in den Teig drücken. Streusel über dem Kuchen verteilen. Im vorgeheizten Backofen bei 200 Grad ca. 40 Minuten backen.

ZWETSCHGENKUCHEN

Zutaten:

Teig:
- 300 g Mehl
- 1/2 Würfel Hefe
- 50 g Zucker
- 1 Eigelb
- 125 ml lauwarme Milch
- 80 g Butter

Belag:
- 750 g Quark
- 5 Esslöffel Crème fraîche
- 130 g Zucker
- 1 Päckchen Vanillezucker
- 1 Esslöffel Speisestärke
- 50 g gemahlene Mandeln
- 1 kg Zwetschgen
- etwas Zucker und Zimt
- 1 Becher süße Sahne
- 2 Esslöffel Zucker
- 2 Eigelb
- 1 Esslöffel Speisestärke
- 2 Eiweiß

Zubereitung:

Einen Hefeteig herstellen, 15 Minuten gehen lassen. Den ausgewellten Teig in eine gefettete Kuchenform legen. Quark, Crème fraîche, Zucker, Vanillezucker, Speisestärke, Mandeln vermischen, auf dem Teigboden gleichmäßig verteilen. Die entsteinten Zwetschgen dicht nebeneinander (fast senkrecht) anordnen, mit Zucker, Zimt bestreuen. Steifgeschlagene Sahne, Zucker, Eigelb, Speisestärke verrühren, Eischnee unterziehen, über die Zwetschgen geben. Im vorgeheizten Backofen bei 200 Grad ca. 1 Stunde backen, weitere 10 Minuten im ausgeschalteten Backofen stehen lassen. Den Kuchen erst nach dem Erkalten aus der Form nehmen.

ZWIEBACK-KIRSCHKUCHEN

Zutaten:

Teig:

250 g Mehl
1 Messerspitze Backpulver
80 g Zucker
1 Ei
125 g Butter
1 Esslöffel Wasser

Belag:

120 g gemahlener Zwieback
3 Gläser Kirschen
3 Eigelb
150 g Zucker
1 Teelöffel Zimt
250 g Crème fraîche
3 Eiweiß

Hülsenfrüchte zum Blindbacken

Zubereitung:

Einen Mürbteig zubereiten, kaltstellen. Den ausgewellten Teig in eine gefettete Kuchenform geben. Den Teigboden mit Pergamentpapier abdecken, Hülsenfrüchte darauf legen. Im vorgeheizten Backofen bei 200 Grad 15 Minuten blind backen. Danach Papier und Hülsenfrüchte entfernen. Die Hälfte des Zwiebackmehls auf dem Boden verteilen, abgetropfte Kirschen darüber geben, mit dem zuvor zubereiteten Guss abdecken. Für diesen Eigelb, Zucker, Zimt schaumig schlagen. Anschließend Crème fraîche, restliches Zwiebackmehl vorsichtig einrühren, den Eischnee unterziehen. In ca. 45 Minuten fertig backen.

SPINATKUCHEN

Zutaten:

Teig:

250 g Mehl

1/2 Teelöffel Backpulver

125 g Butter

1 1/2 Teelöffel Knoblauchsalz

1 Ei

Belag:

600 g Tiefkühl-Blattspinat

200 g Lauch

1 Zwiebel

1 Bund Petersilie

einige Blättchen Basilikum

etwas Butter

etwas Knoblauchsalz, Pfeffer,

Curry, geriebene Muskatnuss

100 g geriebener Hartkäse

2 Eier

4 Esslöffel süße Sahne

1 Teelöffel Speisestärke

etwas Kräutersalz, Pfeffer

und Curry

Zubereitung:

Alle Teigzutaten zu einem Mürbteig verarbeiten, kaltstellen. Währenddessen den Belag zubereiten. Spinat auftauen, gut ausdrücken, mit Lauchringen, kleingeschnittener Zwiebel sowie feingehackten Kräutern in heißer Butter andünsten und würzen. Den Teig auf einer bemehlten Arbeitsfläche auswellen, in eine gefettete Kuchenform legen. Im vorgeheizten Backofen bei 200 Grad ca. 15 Minuten vorbacken. Anschließend den Boden mit geriebenem Käse bestreuen, die Spinatmasse darauf verteilen. Eier, Sahne, Speisestärke, Gewürze verquirlen und über den Spinatkuchen gießen. Bei 220 Grad in etwa 30 Minuten fertig backen.

ZWIEBEL-KÄSEKUCHEN

Zutaten:

Teig:
300 g Mehl
1/2 Würfel Hefe
1/2 Teelöffel Zucker
1 Teelöffel Salz
1 Ei
1/8 l lauwarme Milch
50 g Butter

Belag:
800 g Zwiebeln
100 g durchwachsener Speck
50 g Butter
etwas Salz, Pfeffer
und Kümmel
150 g geriebener Hartkäse
3/4 Becher Crème fraîche
1 Teelöffel Speisestärke

Zubereitung:
Aus den Teigzutaten einen Hefeteig herstellen. Diesen so lange gehen lassen bis er sich verdoppelt hat. Währenddessen den Belag zubereiten. Feingehobelte Zwiebeln sowie kleingewürfelter Speck in heißer Butter glasig dünsten, gut würzen. Den Teig auf einer bemehlten Arbeitsfläche auswellen und in eine gefettete Kuchenform legen. Die abgekühlte Zwiebel-Speckmasse auf den Teigboden geben, mit Käse bestreuen. Crème fraîche und Speisestärke verrühren, über dem Kuchen gleichmäßig verteilen. Im vorgeheizten Backofen bei 200 Grad etwa 25 Minuten backen.

SAUERKRAUT-KARTOFFELKUCHEN

Zutaten:

Teig:
250 g Mehl
1 Messerspitze Backpulver
1/2 Teelöffel Salz
125 g Butter
4 Esslöffel Wasser

Belag:
100 g durchwachsener Speck
1 Zwiebel
etwas Butter
400 g Sauerkraut
150 g gekochte Kartoffeln
etwas Salz, Pfeffer,
Kümmel und Majoran
2 Becher süße Sahne
3 Eier
etwas Salz und geriebene Muskatnuss

Zubereitung:
Alle Teigzutaten zu einem Mürbteig verarbeiten, kaltstellen. Währenddessen Speck- und Zwiebelwürfel in heißer Butter glasig dünsten. Das Sauerkraut, sowie die kleinwürfelig geschnittenen Kartoffeln kurz mitdünsten, gut würzen.

Den Teig auf einer bemehlten Arbeitsfläche auswellen, in eine gefettete Kuchenform legen. Auf dem Teigboden den etwas abgekühlten Belag gleichmäßig verteilen. Im vorgeheizten Backofen bei 190 Grad 10 Minuten vorbacken. Sahne, Eier, Gewürze verquirlen, über den Kuchen gießen und in weiteren etwa 40 Minuten fertig backen.

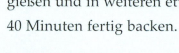

LAUCHKUCHEN

Zutaten:

Teig:
225 g Mehl
1 Messerspitze Backpulver
½ Teelöffel Salz
125 g Butter
1 Ei

Belag:
100 g durchwachsener Speck
etwas Butter
1 kg Lauch
etwas Salz, Pfeffer und Curry
2 Eier
1 Becher Crème fraîche
etwas Salz, Pfeffer und
geriebene Muskatnuss
75 g geriebener Hartkäse

Zubereitung:

Aus den Teigzutaten einen Mürbteig zubereiten, kaltstellen. In der Zwischenzeit kleingewürfelten Speck in heißer Butter leicht anbraten. Den in Ringe geschnittenen Lauch zufügen, etwa 10 Minuten mitdünsten (dabei immer wieder umrühren), gut würzen. Den Teig auf einer bemehlten Arbeitsfläche auswellen und in eine gefettete Springform legen. Auf dem Teigboden die abgekühlte Lauchmasse gleichmäßig verteilen. Eier, Crème fraîche, Gewürze verquirlen, über den Belag geben und mit Käse bestreuen. Im vorgeheizten Backofen bei 200 Grad ca. 30 Minuten backen.

EIERKUCHEN

Zutaten:

Teig:
225 g Mehl
1 Messerspitze Backpulver
etwas Knoblauchsalz
100 g Butter
1 Ei
4 Esslöffel Wasser

Belag:
3 Zwiebeln
etwas Butter
5 Eier
1 Esslöffel Speisestärke
3/4 Becher Crème fraîche
etwas Knoblauchsalz,
Pfeffer und Curry
100 g geriebener Hartkäse
1/2 Bund Petersilie
1/2 Bund Schnittlauch
200 g roher Schinken
400 g Champignons

Zubereitung:
Einen Mürbteig zubereiten, kaltstellen. Für den Belag Zwiebelwürfel in heißer Butter glasig dünsten, abkühlen lassen. Eier, Speisestärke, Crème fraîche verquirlen, gut würzen. Käse, feingehackte Petersilie, Schnittlauchröllchen und Zwiebelwürfel untermischen.

Den Teig auf einer bemehlten Arbeitsfläche auswellen, in eine gefettete Kuchenform legen. Schinkenwürfel, blättrig geschnittene Champignons gleichmäßig auf dem Teigboden verteilen, die Eiermasse darüber geben. Nun im vorgeheizten Backofen bei 200 Grad ca. 45 Minuten backen.

ZWERGEN-PETERLE

Zutaten:

Teig:
300 g Mehl
1/2 Würfel Hefe
1/2 Teelöffel Zucker
1 Teelöffel Salz
1/8 l lauwarme Milch
100 g Butter

Belag:
3 Becher Schmand
300 g Petersilie (Peterle)
etwas Salz

Zubereitung:
Einen Hefeteig herstellen und diesen so lange gehen lassen bis er sich verdoppelt hat. Anschließend den ausgewellten Teig auf ein gefettetes Backblech legen. Etwas Schmand über den Teigboden streichen. Kleingeschnittene Petersilie mit restlichem Schmand verrühren und würzen. Die Masse auf dem Teigboden verteilen. Im vorgeheizten Backofen bei 220 Grad ca. 30 Minuten backen.

SCHINKENKUCHEN

Zutaten:

Teig:
200 g Mehl
1 Messerspitze Backpulver
½ Teelöffel Knoblauchsalz
100 g Butter
5 Esslöffel Wasser

Belag:
200 g roher Schinken
100 g geriebener Hartkäse
350 g Tomaten
½ Bund Petersilie, einige Blättchen Basilikum und Majoran
etwas Kräutersalz und Pfeffer
2 Eier
½ Becher süße Sahne
1 Teelöffel Kräutersalz und etwas Pfeffer
1 Teelöffel Speisestärke

Zubereitung:

Einen Mürbteig zubereiten, kaltstellen. Den ausgewellten Teig in eine gefettete Kuchenform legen. Nacheinander Schinkenwürfel, Käse, Tomatenscheiben auf dem Teigboden verteilen, mit feingehackten Kräutern bestreuen, würzen. Eier, Sahne, Gewürze, Speisestärke verquirlen, über den Belag gießen. Im vorgeheizten Backofen bei 200 Grad ca. 25 Minuten backen.

GRÜNER KUCHEN

Zutaten:
Teig:
200 g Mehl
1/2 Teelöffel Backpulver
1 Teelöffel Kräutersalz
180 g Quark
180 g Butter

Belag:
400 g Tiefkühl-Blattspinat
250 g Brokkoli
150 g gekochter Schinken
etwas Knoblauchsalz
1 Becher Crème fraîche
4 Eier
150 g geriebener Hartkäse
1 Bund Petersilie und einige Basilikumblättchen
etwas Kräutersalz, Pfeffer, Majoran und geriebene Muskatnuss

Zubereitung:
Die Zutaten zu einem glatten Teig kneten, kaltstellen. Spinat auftauen, gut ausdrücken. Brokkoliröschen blanchieren, abtropfen lassen. Den ausgewellten Teig in eine gefettete Kuchenform legen.

Danach Schinkenwürfel und abgekühlte Brokkoliröschen auf dem Teigboden verteilen, würzen. Nun Crème fraîche mit den Eiern verquirlen.

Käse, feingehackte Kräuter, Gewürze, kleingeschnittener Spinat zufügen, gut untermischen und über das Gemüse geben. Im vorgeheizten Backofen bei 200 Grad ca. 40 Minuten backen.

GEFÜLLTES BLÄTTERTEIG-GEBÄCK

Zutaten:
1 Zwiebel
400 g Champignons
1 Bund Petersilie
etwas Butter
etwas Kräutersalz und Pfeffer
200 g gekochter Schinken
200 g Gouda-Käse
450 g Tiefkühl-Blätterteig
1 Ei

Zubereitung:
Kleingewürfelte Zwiebel, blättrig geschnittene Champignons, feingehackte Petersilie in heißer Butter andünsten, würzen, abkühlen lassen. Schinken-, Käsewürfelchen untermischen. Aufgetauten Blätterteig dünn auswellen, in Rechtecke von etwa 10 x 12 cm schneiden. Teigränder mit leicht geschlagenem Eiweiß bestreichen.

Jeweils auf die untere Hälfte jedes Rechtecks etwas von der Füllung geben, die obere Hälfte darüber klappen, die Teigränder dabei fest andrücken. Das Gebäck auf ein kalt abgespültes Backblech legen, die Oberfläche mit Wasser verquirltem Eigelb bestreichen. Im vorgeheizten Backofen bei 200 Grad etwa 20 Minuten backen.

SÜSSE WÖLKCHEN

Weiße Wölkchen

Grundrezept
Zutaten:
2 Eiweiß
125 g Puderzucker

Zubereitung:
Eiweiß zu steifem Schnee schlagen. Die Hälfte des Zuckers langsam einrühren. Anschließend den restlichen Zucker leicht untermischen. Danach die Schaummasse in einen Spritzbeutel füllen und Wölkchen auf ein mit Back-Trennpapier ausgelegtes Backblech spritzen. Diese im vorgeheizten Backofen bei 100 Grad ca. 2 Stunden trocknen lassen.

Rosa Wölkchen

Zutaten und Zubereitung nach dem Grundrezept. In die weiße Schaummasse etwas rote Speisefarbe einrühren.

Himmelblaue Wölkchen

Der weißen Schaummasse etwas blaue Speisefarbe zufügen.

Regenwölkchen

In die weiße Schaummasse zwei Esslöffel Kokosraspel geben, vorsichtig untermischen. Die getrockneten, ausgekühlten Wölkchen mit der im Wasserbad geschmolzenen Kuvertüre überziehen oder hübsch verzieren.

HEIDELBEER- UND KOKOSKÜCHLEIN

Zutaten:
100 g Butter
100 g Zucker
2 Eier
200 g Mehl
1/2 Päckchen Backpulver
1 Becher Schmand
200 g Heidelbeeren

Papierbackförmchen

Zubereitung:
Butter schaumig schlagen. Abwechselnd Zucker, Eier dazugeben, gut rühren. Mehl und Backpulver vermischen, löffelweise mit dem Schmand in die Schaummasse einrühren. Zum Schluss Heidelbeeren unterheben. Den Teig in Förmchen füllen. Im vorgeheizten Backofen bei 180 Grad ca. 25 Minuten backen.

Zutaten:
120 g Butter
200 g Zucker
3 Eier
225 g Mehl
1/2 Päckchen Backpulver
300 ml Buttermilch
100 g Zartbitter-Schokolade
100 g Kokosraspel

Papierbackförmchen

Zubereitung:
Alle Teigzutaten zu einem Rührteig verarbeiten. Zum Schluss die im Wasserbad geschmolzene Schokolade und Kokosraspel einrühren. Nun den Teig in Förmchen füllen. Im vorgeheizten Backofen bei 180 Grad etwa 35 Minuten backen.

Da die Küchlein leicht auseinander laufen, sollten die Papierförmchen in Muffin-Backformen gestellt werden. Besonders gut schmecken die ausgekühlten Küchlein, wenn man sie dünn mit erwärmter Aprikosen-Marmelade bestreicht und Kokosraspel darüber streut.

ROSINCHEN

Zutaten:

250 g Mehl

1/2 Päckchen Backpulver

100 g Butter

100 g Zucker

1 Päckchen Vanillezucker

1 Ei

125 g Quark

50 g gemahlene Mandeln

100 g Rosinen

Zubereitung:
Alle Teigzutaten zu einem glatten Teig kneten. Den Teig formen und in eine gefettete Kastenform geben. Im vorgeheizten Backofen bei 190 Grad ca. 45 Minuten backen. Der ausgekühlte Kuchen kann noch mit Puderzucker bestäubt werden.

KRAUT-GEBÄCK

Zutaten:

Teig:

250 g Mehl

1/2 Würfel Hefe

1/2 Teelöffel Zucker

1 Teelöffel Salz

100 ml lauwarmes Wasser

80 g Butter

Füllung:

100 g durchwachsener Speck

1 Zwiebel

250 g Sauerkraut

etwas Öl

etwas Salz, Pfeffer und Kümmel

1/2 Becher Crème fraîche

1 Teelöffel Speisestärke

1 Eigelb

Zubereitung:

Einen Hefeteig herstellen und gehen lassen bis er sich verdoppelt hat. Speck-, Zwiebelwürfelchen, kleingeschnittenes Sauerkraut in heißem Öl andünsten und würzen. Crème fraîche, Speisestärke verrühren, zu der Krautmasse geben, abkühlen lassen. Den ausgewellten Teig in Rechtecke von ca. 10 x 12 cm schneiden. Jeweils auf die untere Rechteckhälfte etwas von der Füllung geben, die obere darüber klappen, Teigränder dabei fest andrücken. Das Gebäck auf ein mit Back-Trennpapier ausgelegtes Backblech geben, die Oberfläche mit Wasser verquirltem Eigelb bestreichen. Im vorgeheizten Backofen bei 200 Grad ca. 25 Minuten backen.

KÄSEWAFFELN

Zutaten:
225 g Butter
6 Eier
300 g Mehl
1 ½ Teelöffel Backpulver
etwas Salz und Paprika
¼ l Wasser
125 g geriebener Hartkäse

Zubereitung:
Butter schaumig schlagen. Nacheinander die Eier zufügen, mitrühren. Mehl, Backpulver und Gewürze vermischen, löffelweise abwechselnd mit dem Wasser dazugeben, alles zu einem glatten Teig verarbeiten. Anschließend den Käse untermengen. In das vorgeheizte, leicht eingefettete Waffeleisen jeweils einen Löffel Teig geben. Jede Waffel etwa 5 Minuten hellbraun backen.

GUTE WÜRSTCHEN

Zutaten:
225 g Tiefkühl-Blätterteig
ca. 18 Cocktail-Würstchen
etwas Senf oder Ketchup
1 Eigelb
etwas Sesam

Zubereitung:
Aufgetauten Blätterteig rechteckig auswellen. Teigstreifen von etwa 9 x 13 cm schneiden, diese mit Senf oder Ketchup bestreichen. Auf jeden Streifen ein Würstchen legen und einrollen. Alle Blätterteig-Würstchen auf das kalt abgespülte Backblech geben, die Oberfläche mit Wasser verquirltem Eigelb bestreichen und Sesam darüberstreuen. Im vorgeheizten Backofen bei 180 Grad ca. 15 Minuten backen.

PIKANTER QUARKKUCHEN

Zutaten:

Teig:
200 g Mehl
1 Messerspitze Backpulver
1 Teelöffel Kräutersalz
1 Eigelb
100 g Butter
3 Esslöffel Wasser
je 1/2 Bund Petersilie und Schnittlauch, einige Basilikumblättchen

Belag:
2 Zwiebeln
300 g Pilze
etwas Öl
250 g Quark
3 Eier
1/8 l süße Sahne
etwas Kräutersalz, Pfeffer und Paprika

Zubereitung:
Aus den Teigzutaten einen Mürbteig zubereiten. Zum Schluss die feingehackten Kräuter einarbeiten, danach den Teig kaltstellen. Für den Belag kleingewürfelte Zwiebeln, blättrig geschnittene Pilze in heißem Öl andünsten, abkühlen lassen. Quark, Eier, Sahne, Gewürze gut verrühren. Den ausgewellten Teig in eine gefettete Kuchenform legen. Zwiebeln und Pilze auf dem Teigboden verteilen, darauf die Quarkmasse geben. Im vorgeheizten Backofen bei 180 Grad etwa 35 Minuten backen.

GEMÜSEKUCHEN

Zutaten:

Teig:
225 g Mehl
1 Messerspitze Backpulver
1 Teelöffel Kräutersalz
1 Ei
100 g Butter
1 Esslöffel Wasser

Belag:
300 g Auberginen
150 g Möhren
etwas Gemüsebrühe
500 g Zucchini
2 Paprikaschoten
etwas Knoblauchsalz und Pfeffer
1 Becher Crème fraîche
2 Eier
150 g geriebener Hartkäse
1/2 Bund Petersilie
etwas Kräutersalz, Pfeffer und Paprika

Zubereitung:
Einen Mürbteig zubereiten, kaltstellen. Auberginen-, Möhrenscheiben in Gemüsebrühe kurz aufkochen, abtropfen lassen. Den ausgewellten Teig in eine gefettete Kuchenform legen. Danach Zucchini- und die abgekühlten Auberginen-, Möhrenscheiben sowie Paprikastreifen auf dem Teigboden verteilen, gut würzen. Crème fraîche, Eier verquirlen, Käse, feingehackte Petersilie untermischen, mit den Gewürzen abschmecken, über das Gemüse geben. Im vorgeheizten Backofen bei 200 Grad etwa 40 Minuten backen.

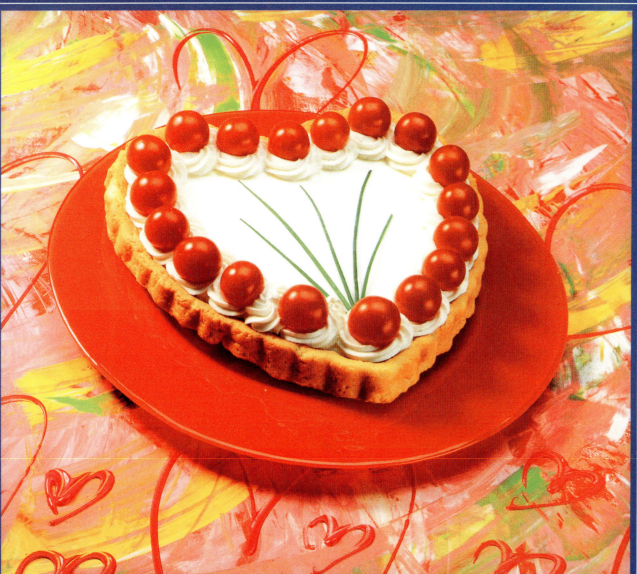

HERZ FÜR FREUNDE

Zutaten:

Teig:

250 g Mehl

1/2 Päckchen Backpulver

1 Teelöffel Kräutersalz

125 g Quark

1 Ei

4 Esslöffel Öl

1 Esslöffel Wasser

Belag:

250 g Quark

200 g Frischkäse

1/4 Becher Crème fraîche

etwas Knoblauchsalz,

Paprika und Pfeffer

Dekoration:

Cocktailtomaten

Petersilie oder

Schnittlauch

Herz-Backform

Zubereitung:
Alle Teigzutaten zu einem glatten Teig kneten, auswellen und in eine gefettete Herzform legen. Im vorgeheizten Backofen bei 200 Grad ca. 30 Minuten backen. Für den Belag Quark, Frischkäse, Crème fraîche, Gewürze gut verrühren. Das ausgekühlte Kuchenherz mit etwa 1/3 der Quarkmasse bestreichen. Restliche Creme aufspritzen, Tomaten, Petersilie oder Schnittlauchröllchen als Dekoration anbringen. Der Belag kann beliebig verändert werden z.B. auf den Kuchenboden Schinkenwürfel streuen, Quarkschicht darüber geben, mit Salatgurkenscheiben, Paprikastreifen oder Kresse verzieren.

Hefeteig-Zubereitung

Mehl in eine Schüssel sieben. In die Mitte eine Mulde drücken, Hefe hineinbröckeln, etwas Zucker darüberstreuen. Hefe und Zucker mit etwas lauwarmer Milch glatt rühren, mit Mehl bestäuben. Die Schüssel mit einem Geschirrtuch abdecken. Den Vorteig ca. 15 Minuten gehen lassen. Restliche Milch, weiche Butter, Zucker oder Salz, Eier dazugeben, zu einem glatten Teig kneten, so lange abschlagen bis er Blasen wirft, sich von der Schüssel löst und glänzt. Den Teig mit einem Tuch abdecken und bei Zimmertemperatur etwa 1 Stunde gehen lassen (bis er sich verdoppelt hat). Nochmals durchkneten, entsprechend dem jeweiligen Rezept weiterverarbeiten.

Biskuitteig-Zubereitung

Eigelb, lauwarmes Wasser, Zucker, Salz zu einer dicken, schaumigen Masse rühren. Das sehr steif geschlagene Eiweiß auf die Eigelbmasse geben. Darüber das mit Backpulver und Speisestärke vermischte Mehl sieben. Alles vorsichtig unter die Eigelbmasse ziehen. Den Teig in eine mit Pergamentpapier ausgelegte Springform füllen. Im vorgeheizten Backofen bei 175 Grad backen. Danach den Biskuit auf ein Kuchengitter legen, gut auskühlen lassen, anschließend das Pergamentpapier entfernen. Weiterverarbeitet wird der Biskuit wie im Rezept angegeben.

Rührteig-Zubereitung

Alle Zutaten sollten Zimmertemperatur haben. Die Butter schaumig schlagen, abwechselnd Zucker, Eier dazugeben, zu einer cremigen Masse rühren. Nach und nach das gesiebte mit Backpulver vermischte Mehl zusammen mit der Milch einrühren. Den Teig in eine gefettete Backform füllen und dem jeweiligen Rezept entsprechend im vorgeheizten Backofen backen.

Mürbteig-Zubereitung

Das Mehl auf eine Arbeitsfläche sieben. In die Mitte eine Vertiefung drücken, Zucker und Ei hineingeben, mit etwas Mehl verrühren. Auf den Mehlrand die kalte, kleingeschnittene Butter legen, alles zu einem glatten Teig kneten. Diesen zugedeckt etwa 1 Stunde bis zur Weiterverarbeitung in den Kühlschrank stellen.

INHALT Seite

Teig-Grundrezepte	66/67	

SÜSSES BACKEN:

Apfel-Marzipankuchen	28
Apfel-Streuselkuchen	43
Aprikosen-Mohnkuchen	32
Birnenkuchen	31
Feiner Zwergenkuchen	23
Happy End mit Schneckchen	70
Heidelbeerkuchen	42
Heidelbeerküchlein	57
Kirschkuchen	22
Kokosküchlein	57
Köstlicher Käsekuchen	29
Möhrenküchlein	18
Pfirsichkuchen	19
Preiselbeer-Zimttorte	20
Rosinchen	58
Roter Beerenkuchen	30
Schoko-Kuchen	26
Streuselchen	27
Süße Wölkchen	56
Zitronenküchlein	33
Zwetschgenkuchen	44
Zwieback-Kirschkuchen	45

PIKANTES BACKEN:

Champignonkuchen	11
Eierkuchen	51
Festtaler	16
Gefülltes Blätterteig-Gebäck	55
Gemüsekuchen	62
Grüner Kuchen	54
Grün-Rote Pizza	39
Gute Würstchen	61
Hackfleischkuchen	15
Herz für Freunde	64
Käsehörnchen	9
Käsetörtchen	37
Käsewaffeln	60
Kleine Kräuterfladen mit Beilagen	24/25
Kräuter-Käse-Toast	8
Kräuter-Zucchini-Quiche	12
Kraut-Gebäck	59
Kugelkränzchen	35
Lauchkuchen	49
Mini-Pizzas	38
Pikante Zwergen-Biskuits	14
Pikanter Quarkkuchen	62
Sauerkraut-Kartoffelkuchen	48
Schinkenkuchen	53
Spinatkuchen	46
Tomatenkuchen	10
Überbackene Gemüsebrötchen	36
Würstchen-Pizza	40
Zwergengebäck	6
Zwergenkuchen vom Backhäusle	34
Zwergen-Peterle	52
Zwergenstübchens-Kostprobe	5
Zwiebel-Käsekuchen	47

Happy End mit Schneckchen

Aus 500 g Mehl, 1 Würfel Hefe, 100 g Zucker, 1 Ei, knapp 1/4 l Milch, 125 g Butter einen Hefeteig zubereiten. Für die Füllung 100 g gemahlene Haselnüsse, 3 Esslöffel Zucker, 1 Teelöffel Zimt, 1 Becher Crème fraîche verrühren. Nun den Teig auf einer bemehlten Arbeitsfläche rechteckig auswellen, mit 30 g zerlassener Butter bestreichen, danach die Füllung gleichmäßig auftragen. Den Teig von der Längsseite her aufrollen. Die Teigrolle in ca. 2 cm dicke Scheiben schneiden. Alle Schneckchen auf ein gefettetes Backblech setzen, etwa 20 Minuten gehen lassen. Im vorgeheizten Backofen bei 190 Grad ca. 30 Minuten backen. Die noch warmen Schneckchen mit einer Puderzuckerglasur (Puderzucker mit etwas Wasser glatt rühren) bestreichen.

Gesamtherstellung:	Vehling Verlag GmbH, Berlin
Verantwortlich:	Elke Schuster
Mitarbeit:	Zwergenstübchenmütter
Illustration:	Margret Hoss
Fotografie:	Axel Waldecker
Layout:	Die Repro
Lithografie:	Die Repro

Copyright by Detlef Vehling.
Das Werk einschließlich aller seiner Teile ist urheberrechtlich geschützt. Jede Verwertung ist ohne Zustimmung des Verlages unzulässig und strafbar. Das gilt insbesondere für Vervielfältigungen, Übersetzungen, Mikroverfilmungen und die Einspeicherung und Verarbeitung in allen elektronischen Medien.

Der Inhalt dieses Buches ist vom Zwergenstübchen und Verlag sorgfältig erwogen und geprüft, dennoch kann eine Garantie nicht übernommen werden.

Eine Haftung des Zwergenstübchens bzw. des Verlages für Personen-, Sach- und Vermögensschäden ist ausgeschlossen.

www.vehlingbuch.de

Zwergenstübchen

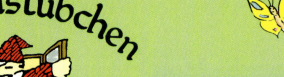

Die erfolgreiche Serie
für Mutter und Kind

Schön zu lesen und leicht zu backen mit ausgesuchten Rezepten von Kuchen, Torten, Waffeln und Plätzchen. Das Zwergenstübchen Backbuch für die ganze Familie.

Art.-Nr. 264

Hier begleiten uns die Zwerge durch Frühling, Sommer, Herbst und Winter. Mit wenig Aufwand und einfachen Mitteln geben sie Anregungen und zeigen, wie Sie mit Ihrer Familie den Jahreslauf gestalten können.

Art.-Nr. 267

Auf Wunsch vieler Leser kochten unsere Zwerge ganz fleißig und stellten für Sie leckere Rezepte zusammen. Unsere Kochzwerge legten viel Wert auf eine gesunde Küche und suchten Rezepte aus, die schnell, einfach und leicht nachzukochen sind.

Art.-Nr. 318

In der Zwergen-Backstube duftet es nach frisch gebackenen Plätzchen. Plätzchenrezepte und andere Leckereien, die ganze Jahr über „zwerggut" gelingen und schmecken.

Art.-Nr. 283

Für alle treuen Zwergenstübchen-Fans haben die Zwerge noch einmal tief in die geheimnisvolle Rezepte-Truhe gegriffen und präsentieren uns das 2. Zwergenstübchen Backbuch mit tollen neuen Rezepten.

Art.-Nr. 260

Viele farbige Abbildungen und lustige Illustrationen auf 72 Seiten.
Format: 30 x 21,5 cm

Viele Überraschungen halten die Zwerge für Sie bereit – unter anderem ein lustiges Puppenfest, schöne Stunden auf dem Bauernhof sowie fröhliche Spiele für Regentage und Sonnenschein.

Art.-Nr. 528

Vehling

Viel Freude bei der Vorbereitung und Gestaltung eines unvergeßlichen Kindergeburtstages und herzlichen Glückwunsch allen Geburtstagskindern wünschen wir mit dem Zwergenstübchen Geburtstagsbuch.

Art.-Nr. 374

Freuen Sie sich auf ein abwechslungsreiches Kochen und Backen rund um die Kartoffel mit den vielfältigsten Rezepten aus der heimischen Küche sowie feinen internationalen Spezialitäten.

Art.-Nr. 560

Alle Zwergenstübchenfamilien möchten die Advents- und Weihnachtszeit gemeinsam mit Ihnen verbringen. Die besten Ideen hierzu finden Sie in diesem Buch. Wie immer liebevoll für Sie zusammengestellt.

Art.-Nr. 372

Die ABC Zwerge präsentieren Ihnen die Zwergenstübchen Tortenparade. Das Buch ist gefüllt mit Tortenköstlichkeiten von A - Z für die ganze Familie, die nach Zwergenart leicht nachzubacken sind und bestens schmecken.

Art.-Nr. 557

Natur Erleben ist ein wunderbares Buch den Naturkreislauf mit den Zwergen kennenzulernen und dabei die verschiedenen Jahreszeiten zu durchstreifen.

Art.-Nr. 590

Zwergenstübchen Nudelzauber enthält die feinsten Nudelrezepte für die ganze Familie. Freuen Sie sich auf die köstlichen Nudelgerichte in unserem zauberhaften Nudelbuch.

Art.-Nr. 619

 _Meine Backrezepte für Freunde_